Lena Forsberg

Gryning

O, människa, känn dig själv

Förlag: BoD – Books on Demand, Stockholm, Sverige
Tryck: BoD – Books on Demand, Norderstedt, Tyskland

ISBN: 978-91-8007-694-4

Andning

Världens vind andas

forma dig till ett öra

och lyssna

lyssna i tystnaden

hör

världens vind talar till dig

ur djupet av världens visdom

talar ordet

talar människan

ur världens vind

I begynnelsen var Ordet

Ur urbegynnelsen kommer du
nyfödda
till jorden komna människobarn

Ordet talar du
med sprattlande armar och ben
med leende ögon och mun
med gråtande ögon och mun

Försöker du få oss förstå
vad vi glömt
genom tanke-mord och prat
snick snack strunt
Förstå vad vi glömt

att vi är Ordet
att vi är Världen
att vi bär Världen

i Ordet från A till Ö

Längtans värkar
i diktens modersliv

Ordet söker förlösning
i vidöppna kärlekssjälar

Ord för ord
ringlar
böljande
sjungande

ut ur väntande världssköte

Barnets öga
en flik av himmelen
Barnets mun
en vårbäck med världsordsflöde

Du och jag är, Mamma,
och Solen

Du porlande källa
  du sorlande bäck
    vid dig dricker hinden sig sval
    i sommarhet skog
vid dig lyssnar fågeln
  till visor
    att sjunga i morgongry
vid dig vilar herden sin fot
  medan lammen leker i lunden

Vakna
dag nalkas
anande talar tingen
talar orden ur gravar
talar lysande solljus
  ur slocknande eldar
talar levande vatten
  ur sovande källor
talar ande ur varat

Harmoni
totalitet
enhet
kärlek -
Ord att vällustigt bada i
dyka ner i
förlora sig i
med förhoppning om
att något litet fragment
fastnar på huden
för återglans i Världens ögon

Vad mitt är är Världens
Vad Världens är är mitt
Det som talar i Världens hjärta
    talar i mitt hjärta
Det som talar i mitt hjärta
    talar i Världens hjärta
Vad mitt är är mänsklighetens – ty
Jag är människa

Att tänka

Stormvind viner
 tjuter spökrök
  ur TV-ns skorstensantenn

Ordhagel
 isfrusna
  smattrar ur radioapparaten

Stereoskalpell
 skär skickligt
  tungan från roten

Hörlurar
 lurar – hör

Flugornas steg tystnar
 i taket
vårknoppars bristknallar
 tiger

Jag hör inte längre
 när gräset gråter

Du barn – lyssna!

Lyssna i tystnaden

Naken människa
på klippskär
i stormande hav

Håll dig fast i
urgrundstadig
sanningstråd

Öppna dina ögon och öron
till en mun
och stilla din hunger
med alltings saga

Låt alltings saga
strömma ur dig
och ljuta olja på vresiga vågor

Nålvass
 tankepil
genomborrar
dimvägg

Skygga ej
för bländande ljus

Gudars
strålglans
fyller
världen
genom
tankepilhål i
dimvägg

Ord – tanke
Spegling av gudavärld

I gemensamhetens urtidsrike
har tankarna sin hemvist

Fragment
ögonblicksbilder
från gemensamhetens urtidsrike
drar genom min själ
när sanningstankar
nuddar mitt medvetande

Kunde jag fånga
alla sanningstankar
skulle jag skåda världen

Vinterfåglar
söker oroligt
efter ljusstrimman
de minns
ifrån sommaren

Sommaren
de glömt
men känner
svidande
i rötterna

Vinterfåglar
vilar vingarna
på solstrålestrimmans
silver

Vilande
    väntande
        sökande
vinterfåglar

I

Som trötta flyttfåglar
sitter mina tankar
med hängande vingar
på grenarna till
den taggiga törnrosbusken

De gömmer sitt huvud
under vingen
och känner sig fastnade
i materiebegränsningens
höstgula
törnrossnår

Flyttfåglar
på väg
från rimfrostkallt
höststelnade
hemmaskogar
mot ljusvärmande länder
med evig sol

II

Som friska flyttfåglar
flyger mina tankar
med frasande vingar
högt över
törnrosbuskagets
stickande
taggighet

De känner
befrielsen svälla
i vårsolens gryningsljus

Flyttfåglar
på väg
mot vårgrönskande
hemmaskogar
från ljusvärmande länder
med evig sol

På mossan på tuvorna i skogen
dansar trollen sin lusteliga dans
svängande sina svansar
plirande piggögt och skälmskt
lurande mig delta i dansen

Ser jag där
själv dansande med svängande svans
förklädda tomheter
förklädda lögner
förklädda konventioner
lurande människobarn
blindögt delta i dansen

Stannar jag upp
ser jag i stillhet på dansen
på mossiga tuvor i skogen
lyfter av tofsludna örat och
lyssnar till sanningssuset
i trädens kronor

Sanningssuset susar
skala dig själv ren
från tomma lögnkonventioner
skala dig själv ren
in till ditt ursprungs
innersta kärna

Dimslöjlätta ogripbara månskenstankar
svävar över bottenlösa urskogstjärnar

Klumpfota storludna dumtrollstankar
med svängande svansar
spricker till intet
för solens gyllene sanningsstrålar

Vassnästa kortsynta falskhäxtankar
lurar med elakgrinande
ormbrygdsbägare

Grönögda baktrågsryggade urgröpstankar
förvänder synen med
omhöljande döljande jungfruhårsvall

Gammalkloka gumrynkiga vishetstankar
lyser vägen
med gulläpplen och
guldtrådsspinnrockshjul

Hjältemodiga storstarka riddartankar
bär genom mörkerskog
och svärdshuggslagregn

Minns din folksagas ungersven
ständigt strävande
mot ljuset

Nyss hade jag den här
kistan med guld
i min hand

Och guldet lyste
med solglans
bortåt vägen

Knytt småtroll
bergtroll och jättar
lurar
bak stammar
bland lövverk

på nytt
   och på nytt
      och på nytt
måste jag söka
min kista med solguld

Jag såg
en märkvärdig uppfinning i dag

Jag såg
en blåklockstängel med frökapsel i dag

Jag såg
hur väl genomtänkt konstruktionen var
hur vackert former och linjer
ställde sig mot varandra

Jag såg
hur varje frö var programmerat med
den rätta färgen
den rätta formen
den rätta doften
för nya blåklockor nästa år

En förunderligt väl genomtänkt uppfinning

Jag undrar vem som tänkt ut den

En tanke förborgad i varje skapad detalj

Skapelse

Vid barndomens sjö
  tystnad och stillhet
    är fyllda med
      rörelse och ljus

Stenarna vid stranden
  vilar i den ro
    liv genom evigheter
      ger

Här finner jag åter
  den värld
    varifrån
      jag är

Vaggande ro
ringlande rörelse
mötande mörkret
i skapelsens ljus
så lyfter
    livet
      levande
former ur Världsvarat

Fjärilens vingar
har mönster av ringar
av ögon
Är det Guds ögon jag ser

Sylvi dansar
  över virvlande varma
  vårsommarängar

Dansar sig varm
  till musik av
  fåglarnas vingslag

Dansar
  sökande sig själv
  i ljusets flyende toner

Ljus i rörelse
rörelse i ljus
formar trollsländans
silverglänsande vingar

Så svävar trollsländan
oroligt längtande
över vattenytan
sökande sig själv
i försvinnande ljusreflexer

Kvitterglittret i vårbäcken
virvlar danslekande bort
mellan kullriga mosstenar

Där sitter jag
i kvitterglittret
och flätar silverflätor
i trollsländans vingar

Så sakta viskar
  jasminen sin doft
    om världar
ej synliga för händer

Världar bortom
  där dofter talar
    sinnenas språk
sprungna ur skapelsens ursprung

Och syrenen ropar med hög röst
  SE MIG
    SE MIG
      LYSSNA !
År efter år
bär jag blommor
som i djup violett
vittnar om nytt liv – ny blomning

Gråt inte när blommorna vissnar
Jag ska ropa nästa sommar igen

Fiskmåsen
skriar
av smärta
där han flyger
högt över havets vågor

Åkervindan
vrider sig
i vanmakt
under sitt öde

Så får även jag
stundom
sucka och gråta
när dimmoln döljer solen

Att känna

Tungt inne i urvattnet
  står den blomma
    som ännu inte vågar blomma

Simmande där
  väntar vattenfåglar
    oroligt i vassen

Kvällsstrålarna i vågskvalpet
  vet att morgonsolen
    kommer i öster

Skogen är i nattens mörker
allt är till i nattens mörker
   bergen
   träden
   gräset
är i nattens mörker

Men bergen kan inte se varandra
i nattens mörker
   inte träden
   inte gräset

Först när morgonsolen lyser
och himlen blygt rodnar
vaknar skogen
och bergen kan se varandra

Mitt mörka hem på jorden
av berg byggt
står stadigt
med grund i urberg
Mitt mörka hem på jorden
i granit mejslat
till människogestalt
med ämnen
till hud
till ögon
till öron
Mitt mörka hem på jorden
sover evighetssömn
med urbergslängtan molande i mörker
tungt väntande
med kvinnofamnen öppen

Må gudahänder se min väntan
och väcka min hud
till klingande ljus
Må saven stiga
till ljus blodsvärme i mörk granit
Må urberg bli till mull
och Dina ord falla i mullen

Då ville ur mina händer rosor blomma
Födas rosenbarn

Ängsligt där
står jag mötande
bakom blyghet döljande
knapphändigt skylande
avslöjande
tidigare
vintrars
älskogslekar
Nära nära
utom och inom
står vi
med stjärnglans i ögonvrån

Dina ögon
är himmelens portar
Därur strömmar
gudagåvan
Kärleken
som dränker mig
i ödestrygghetens
evighetshav

Genom rämnor
i berget
strömmar
skogars och havs
flödande liv in
till den upplysta
bergsal
där himmel
blir takvalv
och takvalv
blir himmel
där mikro
blir makro
och bergets konung
vässar sitt gyllene svärd
till kamp mot
urbergets jättes
förstelnande öga

Den fångna prinsessan
ler mellan tårar

På gyllenbron
av dina ord
vandrar jag in
i din värld

Låter du mig se
dina vakna drömmars
dansande prinsessa
dansande i strålglansen
av fixstjärnors återsken

Låter du mig vandra
din ensamskogs
solbelysta stigar
mer och mer anande
din del av världen

På längtans vingar
flyger jag bort
till skogen
där du bor

Trädpiplärkor
glittra och rissla
de drömmar
du bor i

Glitterrisslet ringlar
under huden
och ropar mig
in i dina drömmar

Så dansar vi båda
i slöjorna över skogstjärnen
med ljuset glittrande
i vattenringarna

Evigheten är här och nu
   just i denna sekund
   när vintersolen
   glittrar i iskristallerna
   och ditt barnaskratt
åker kana i isslänten
Du och jag
just här
just nu
två lekande barn i evigheten

Evigheten är här och nu
   just i denna sekund
   när middagssolens strålar
   smeker din kind
   och mina ögon
för en sekund drunknar i dina
Just nu
just här
har vi evigt liv

Älskade
låt mig vila
hos dig en evighet

Låt mig finna
hos dig en möjlighet
att älska så
att Världen blir god
– inte ond

Låt mig finna
hos dig
en väg
att genom Kärleken
bära världen

Vågar jag
vila hos dig
en evighet
utan att din
smärta stelnar

Och se förvissningen
i dina ögon

Vilande
vetande
i gåvan
himlagåvan
genom dig

Kärlekens
diamanttiara
som ett smycke
över pannan

Jag vill bära ditt smycke
varje dag
för att visa Världen

Jag vill bära ditt smycke
varje dag
inte för att jag ska ses
utan för att Världen ska se
sig själv
speglad

Så hel som regnbågen
är jag
så hel som regnbågen
när alla strängar
i min själ
är stämda i Kärlek

Så hel är jag
att jag kan
bära Världen
i harmoni

Obeskrivligt stor
blev min glädje
när jag såg
sanningen
att parallella linjer
möts i evigheten

Obeskrivligt stor
min smärta
när jag såg
en ny evighet
fram till nästa möte . . .

Kärlekens korsfästelse
spikarna genom
händer och fötter
naglar kroppen fast
i materiens
sinnlighetsbegär
medan Jungfruns smärta
befriar ursprungsväsen
till fri förening
i landet bortom
där vår Kärlek
bär frukt
för Världen

Livsvandrare
i Kärlek
håll hårt min hand
Låt mig veta
vi är många
vi är alla
i Din Kärlek
när nästa
  stjärna
  tänds

I detta ögonblick
finns
ingen tid före
ingen tid efter
endast
närvarande evighet

Det finns bara
detta skälvande ögonblick
fyllt av mognande jord
dalande gula löv
och ständigt talande vind

I detta skälvande ögonblick
vilar jag
väntande

Vid tröskeln

Jag måste
bita i äpplet
för att känna
saftens sötma

Jag måste
plocka rosorna
för att känna
törnets taggar

Jag måste
spänna bågen
för att höra
när strängen brister

Äppelsaftens
blodstårar
hjälper mig
finna vägen

Längst in i varje hjärta bor en gud
några kalla honom Jehova
andra kalla honom Herren

Först när du nått så långt
att du ser
genom allt ruttet och orent
in i ditt eget hjärta
anar du
din Gud

Den själ
som vandrar i mörkerskog
i mörkaste vinternattskog
skall längst där inne i mörkerskog
se solen lysa klar

Längst inne i mörkersjäl
längst ute i mörkerrymd
lyser samma sol

Våga gå
längst in
i din egen ensamhetsskog

Våga gå
längst in
där träden mörka höga
döljer för ditt inre öga
det gemenskapens ljus du söker

Våga gå
längst in
viss om att där
längst in
innerst inne
i din egen ensamhetsskog
väntar urvis
grundgemenskap
genomlysande
alla ensamheters skogar

Våga gå
längst in
i din egen ensamhets skog

Våga gå
längst in
där förtvivlans träd tätnar
till mörk ångest

Våga gå
längst in
genom ångestens korsfästelse
med öppna ögon
mot födelsens ljus
längst in
innerst inne
i din egen ensamhets skog

De döda orden
de som aldrig blev sagda
bär dem nära hjärtat
och minns
hur fel
att de aldrig blev sagda
Nästa gång
och nästa gång
är döda ord
fel ord
blir dödande ord
ur tid bakom
Krossa de döda orden
med kvarnsten av knotor
mal till mjöl
blanda med blod
ur sår i sidan
till bröd
Samla tårar i silverhanden
Salta tårar ur druvor
Ät
Drick
De döda orden
vilar i Jorden
vaknar till glädje

Malmen
våndas
frågande
i smältdegeln
Den vet ej själv
värdet av
det rena guldets
lyskraft
Bara eldaren vet
och bjuder mera kol

Din största smärta
är din största seger
Genomlys
medvetet
ditt lidandes väg
och den leder
till Mimers källa

Där kan du svalka
dina sargade fötter
och tvätta din panna
i klarhetens vatten

I snäckans innersta kammare
vilar solen
Vandra i
villande
vindlingar
dit in där
vindlingens mörker brister
och solens ljusexplosion
kastar
vishetens ögonblicksbild
för dina fötter
Och snäckan vilar
i solens innersta kammare

Det hände mig
något underligt i dag
Just som jag stod och såg över gränsen
in i ett främmande land
kom någon och bar mig
över tröskeln dit in

Vid gränsstationen
tullmannen
håller fram en spegel

Halt människa
hur ser ni ut

Och jag ser

Torraste strån av ris är mitt hår
min hy en regntörstig leråker
munnen sårig torr och het
blicken ett slocknande frågetecken
min klädedräkt konventionens torftiga trasor

Över min fulhet gråter jag tre ämbar fulla
ett av koppar
ett av silver
ett av klaraste guld
I tårar tvättar jag hy hår och trasor

Då står han där
Han torkar mina tårar
och bär mig över gränsen

Där på solstrålen
sitter Kristus
Som ett barn kommer han
med famnen full av
Kärlek
ner till blommorna
Blommornas älvor
fångar Kärleken
och väver den
in i
Jorden

Den första dagen sov jag
Den andra dagen sov jag
Den tredje dagen vaknade jag upp
till bröllopsfest i Kaana där
jag var bruden och
Jag brudgummen
Vatten bjöds att dricka
i stället för vin
Levande vatten ur friska källor
Och frukten växte i mitt liv och
visade sig vara av
Honom

I solmognad säd
har ljuset segrat

Ur djupmull
djupblå
mörker
möter
solens strålande
klarhets guld
gror till grönskande strå
mognar till gulnande säd
mognande i klarhets gullsol

I solmognad säd
har ljuset segrat
till levande bröd

Jag är

Jag söker
den gemensamma nämnaren
den gemensamma urgrunden
i varje människa
Bortom
varje ras
varje folk
varje religion
varje politisk riktning
Jag söker det som gör
att varje människa kan säga
Jag är
Någon började säga
Jag är
Jag är vägen sanningen och ljuset
Skall alla våra Jag-vägar
leda oss fram till
vår gemensamma ur-grund?
Till en gemensam sanning?
Till ljuset?
Då behöver vi vandra
genom många liv på jorden . . .

Jag är
Sannerligen
Jag är

"Du måste finna ditt eget Jag"
säger psykoanalytikern

Förr än psykoanalytikern var
var Jag

Jag är världens ljus

Svindlande tanke
Jag är vägen sanningen och livet

Kanske ändå

Om Nixon hade lyssnat
till sitt eget sanna Jag
i stället för till
dåliga rådgivare från Pentagon . . .

Vem vet

Hit skapade du mig
naken till jorden
med Jaget nyfött
bland spegelskärvorna

Till din avbild skapade du mig
Till din avbild
till ett skapande väsen

Nyfödd ser jag
andra nyfödda Jag
söka bland skärvor

Jag och Jag och Jag
Kan vi tillsammans
skapa vår värld
hel
ur skärvor
framåt

Att stå i solljuset
ansikte mot ansikte
med spegelglaset spräckt

Jag är mot Jag är
sökande bland skärvorna
varandras mening

I skärvornas styckverk söka
det som en dag skall komma

Det som icke söker sitt

Att bygga ett hus av skärvor
en spegelglasskärvmosaik
där var och en söker de bitar
som gör den andre rik

Att bygga ett hus av skärvor
ett hus där alla vill bo
där solen gärna vill lysa
och vinden kan slå sig till ro

Där varje skärv är en saga
en dikt en färg eller sång
där alla längtar att laga
den framtid som var en gång

Att bygga ett hus av skärvor
är inte ett enkelt värv
men med tid och glädje så går det
att fästa skärv invid skärv

Det är så enkelt
att älska dig
du som har samma tankar
som jag

Skulle Kärleken vara enkel?
Nej Kärleken är det svåraste av allt

Du som kämpar i materiemörker
ville jag bära mot andeljus
Ville jag bära på kärlekshänder
genom mörkerskog
in i det levande ljusets verklighet

Allt vore så enkelt
om du inte fanns
Då kunde jag själv bestämma
precis vilken färg på gardinen
och vilken krydda i såsen
Då kunde jag sitta
skönt tillbakalutad
i den gröna fåtöljen
hela dagen
och läsa
filosofers tankar om poesins logik
Om du inte fanns
behövde jag
inte ändra på något
Allt kunde vara
precis så som det är
Jag kunde fortsätta
att vara precis så
sovande lat och inskränkt
som jag är
om du inte fanns

Människoväsen
människovärldar
världsdroppar
öar
med vägar och broar emellan

känslovägar
tankevägar
viljevägar

Öppna dina öron och du hör
känslovägars toner ljuda i hjärtat
öppna dina ögon och du ser
tankevägars visdom visa sig i Världen
öppna dina händer och du ger
viljevägars gärning mognad i Kärlek

Omhöljt
inbäddat i barnet
ligger
knoppande anande
framtidsämnen
sovande

Levande framtid ?
Stelnande framtid?

Bädda barnet
i sanningsrenat kärlekshölje
När barnet
med sanningsrenad kärleksnäring
Hjälp barnet
väcka läkande kärlekskrafter i Världen
och förtro
en Levande framtid

Vila barn
i vaggan av säv jag vävt
Insjön är blank som en spegel
och bär dig i solglitterkrusning

Himlen är hög
och änglarna ser din färd
De styr dig emellan
de mörka fläckar av olja
som båtarna spillt i
Karibiska sjön
Du ser dem som moln
där himmelen speglar

Men solen lyser igenom
för dig – barn –
som har ögonen vända
mot himlen
i vaggan av säv jag vävt

Där i din blick
ser jag min smärta
att vilja Världen
men inte orka
bara orka
min lilla tillkämpade bit
som jag nödtorftigt lagar och lappar

Där i din blick
ser jag min strävan
att vilja Världen i sanning
att vilja Världen
genomlyst och levd
så som den är tänkt

Där i din blick
ser jag min längtan
att se morgonrodnadens
kärleksstrålar lysa
i alla människors hjärtan
så att vi vill varandra
vetande varandras smärta

Att vilja

Jorden går havande
med framtidens mänsklighet

Måste vi -
var och en av oss
alla mänsklighetens länkar -
måste vi
en gång i livet
möta den yttersta smärtgränsen

För att först vid det mötet
förlora det sista unset
av önskan
att ta mer än vår bit av kakan
Mer än vi orkar äta

I feberyran kom till mig en dröm
En brud står där
klädd i Nordens björkskogars
och granskogars sidenslöjor
med snövidders tyll svävande över
pannan och glittrande blåa pärlband
porlande ner längs klänningslivet mot
öster

Med sval förväntan står hon
Från söder kommer
ridande på eldig springare
brudgummen
Med mörk hud och svarta ögon
söker han svalka i
hennes nordiska ljus
Vapenbröder nalkas från öst och väst
svepta i mantlar
ränder och stjärnor
hammare och skära
döljer sig i vecken

Efter lång tid blir en stjärna synlig på
himmelen
Drömmar kan vara så underliga

När jag hade mycket feber
och var riktigt varm
var smärtan och obehagen
milt fördelade i alla organ
och delar av kroppen

Behagligt låg jag halvsovande
under mitt duntäcke

Men när febern gick ner
och jag långsamt kallnade
koncentrerade sig all smärta
till en enda punkt
i högra hjärnhalvan

Klarvaken satte jag mig
upp i sängen
medveten om
att den sjuka punkten var
kreativitetspunkten

Så måste jag då bara
söka den rätta
medicinen

Någonstans började det
att Kain slog ihjäl Abel

Och man byggde ett torn
ända upp till himmelen
Ett torn som rämnade
och alla rämnorna blev till var sitt språk
som vandrade med sitt folk
ut över jorden

När den ene talade liv
hörde den andre död
När den ene talade fred
hörde den andre krig

Var hittar vi ett nytt språk
som alla kan förstå
Måste vi söka nya källor
eller duger de gamla

Kanske
om vi kan tömma dem från sand
så att vi på nytt kan höra
porlandet av vatten där de rinner upp

Din mantel delar vi
Din kropp sargar vi
Jag känner såren svida djupt i trädens rötter
Jag ser krigsmän i kamp
med drakar och tanks
de delar Din mantel
i stycken med kulhål och fransar
Den redan rike får mest
några får lagom
men de många magra och frusna blir utan
Den var så skön när den var ny Din mantel
Havsblå sidenböljor
lövskogsdunkel sammet
glitterband och pärlor utav blå safir
Nu är den smutsig och trasig och trampad

Jag böjer min panna mot Jorden i
självuttömmande bön
Ske icke människors vilja – men Din
Och Jorden svarar
med sitt väsens ursprung
ända dit att jag ser
vad Jorden själv vill
med sitt gyllensken i sensommaren

Lägg en slant i bössan snälla du
och ta en kaka till till kaffet
Pastor Svensson ska berätta
om sin resa till Behövialand
Som resesällskap hade han
riksdagsman Penningsson från
Byråkratiska Låt gå-partiet
och kamrer Nitrat från
AB Svenska Konstgödningsfabriken

- Vi är duktiga!

Vi dödade deras gudar
och talade om för dem
att de är dumma

Vi lärde dem
att förbruka jorden
Vi gav dem
en traktor som blivit över
Det var väl snällt av oss

Nu behöver de bara
köpa bensin till traktorn från
Svenska Bensin AB

Fortsätt

köpa konstgödning till jorden från
AB Svenska Konstgödningsfabriken
så kan de odla
de foderväxter
vi så väl behöver
så att vi kan föda upp
våra hundra miljarder svin
så att vi kan få fläsk

Svenskt foder är ju så dyrt

Så får de pengar av oss för fodret
Och deras välstånd ökar.

Vi är duktiga !

Amen

Var så god och ät
det blir bara en enkel smörgås

Ta en bit sill till
    en ansjovis
    en sardin
    lite gädda
    lite lax
    inkokt strömming
    den är fin
och så lite mera vin

en tallrik värmande soppa med klimp

    lite vildand med gräddsås
    lite ripa med räddsås
    lite kyckling med sallad
och så lite mera vin

    lite kalvstek
    lite grisstek
    lite älgstek
    lite hjortsadel
    lite revben
    lite grisfot

Fortsätt

lite hjärta
lite njure
och så lite mera vin

lite prinskorv
lite grynkorv
lite fläskkorv
lite köttkorv
lite blodkorv
lite hackkorv

har du smakat på allt

då rundar vi av med en ost
du måste smaka på den där gröna
och den där med de stora hålen
och den där med de små runda
och den där med den gula svålen
och så lite mera vin

och så ett päron
och så en druva
det är ju så nyttigt med frukt

Fortsätt

nu till desserten
se här!

 ta lite glass
 lite äppelkaka med vaniljsås
 lite maräng med chokladsås
 lite sockervadd med sirapssås
 ta lite fromage
 ta lite blamage
 ta lite änglamat
 och fattiga riddare
och så lite mera vin

Nu skulle det väl smaka bra
med en kopp kaffe
som sätter maten på plats
och så en stor konjak
och en cigarr

Aaahh - - -
Nu är du mätt
så skönt
det är precis vad jag vill
att du ska vara
riktigt mätt och glad
och nöjd

TV-Aktuellt
visar bilder från kriget
i Mellanöstern

Pappa mamma barn
i Vällingby
och Sösdala
ser på bilderna från kriget
i Mellanöstern

Barnet drömmer mardrömmar
på natten
på dagen
leker han krig
med kompisarna i sandlådan

Pappan gråter i hemlighet
och kräks på toaletten
när ingen ser

Mamman bjuder på drottningsylt
till pannkakorna
och tänder ett levande ljus
vid kvällsmaten

I tunnelbanan
och på bussen
talar människorna
med varandra om kriget

Man talar om det
som är fasansfullt
och omöjligt att förstå

Och märker inte
att de i alla fall
talar med varandra
om en gemensam värld

Före kriget
satt de tysta
var och en i sin egen värld
omöjliga att nå

Så överraskad
och chockad
blev Jorden
vid det första bombanfallet
att hon inte riktigt kunde
hålla ihop sig själv
och behålla sitt inre inom sig

Lite måste hon
ryta till åt människorna
och svara på samma sätt
med svavel och eld
I rena förskräckelsen
undslapp hon sig ett vulkanutbrott
Men så besinnade hon sig
och tystnade
Bara ett litet skalv till sen
när markstriderna började

Hur länge orkar
Jorden tiga om smärtan
efter tusen och tusen bomber
borrande sig djupt ner
under hennes hud

Till Krigsherren

Tänk om
jag kunde ta dig i knät
och tala med dig

Berätta för dig
en saga
om gott och ont
om jättar

Kanske folksagan om
pojken som var alltför stark

Förklara för dig
att det är omodernt
att vara alltför stark

Så att du kunde slappna av lite
släppa efter
öppna lite
så att en ängel kunde smyga in
för att hjälpa mig
att sjunga
och vagga dig till sömns

Javisst
kvinnor kan också slåss
som kattor
med klor och huggtänder
riva och slita i varandra
så hårtestarna ryker
och blodet droppar

Men alltid
när livet och döden
de yttersta gränserna
närmar sig
står de
på samma sida
tillsammans
ammande sina
söner och begråtande
sina stupade män

En bild ur TV-Aktuellt

Nedgrävda i sanden
i öknen
mitt i Jordens uttorkade öde
deras läger
kärleksläger
Hans gyllenbruna hud
under hennes händer
som skimrande fjärilsvinge
Och bomberna faller
från himlens glödande stjärnor
Hans hud i trasor
revor i gyllensiden
med blod ner i sanden
i jorden
Hon vill laga hans hud
den skimrande sidenytan
den yttre mötesplatsen
mellan deras världar
laga
laga och läka

Jag vill ta
min skurhink med mig
och min trasa
min stora trasa
med den bästa uppsugningsförmågan
och fara iväg
till kriget i öknen

Där ska jag
kavla upp ärmarna och
skörta upp kjolen
Så ska jag lägga mig
på mina bara knän
mina skurgummeknän
och torka upp
och torka upp
och torka upp
allt blod

För visst behövs det
en riktig storstädning
någonstans
så att inte
Jordens mening
rinner ut i sanden

Visst har det betydelse
vad jag bestämmer mig för

Alldeles särskilt nu
när allting håller på att förändras

När den svenska nationalrätten
inte längre är ärtor och fläsk
utan spagetti pizza och kebab
när Sovjet skrotar sina pengar
och Amerika sina och andras
flygplan i Mellanöstern

Visst har det betydelse
vad jag bestämmer mig för
Jag kan till exempel
bestämma mig för
att vad som än händer
varje dag
åtminstone en gång
uttala ordet
broderlighet

Medan vi väntar på
att brodeligheten
skall breda ut sig över jorden
skulle alla vi
kvinnor
mödrar
systrar
kanske kunna börja med
att lyfta upp de gamla paltorna
som ligger kringströdda
lite här och var
smutsiga och trasiga
skärskåda dem med nya ögon
och se om man inte
med en smula fantasi och händighet
skulle kunna sy om dem
till riktigt användbara kläder

Kanske kunde man
till och med
färga om dem
och brodera in lite
systerlighet
här och var
för att stärka hållfastheten

Sakta är det
som om den kommer
smygande bakvägen
och breder ut sig emellan oss
som försiktig och blyg
sammanbindande kraft

Förskräckta bleknar vi
inför det som händer i Världen
och som står
med svarta ord
på tidningarnas löpsedlar

Men den sammanbindande kraften gör
att vi sätter oss
tätare tillsammans
och talar med varandra
för att försöka förstå
Och minns
att vi har vänner
som bor långt borta
i Sofia i Bulgarien och
i Passa Quattro i Brasilien
och undrar hur de har det

Jag roade mig med
att ta fram en världskarta
På alla orter där jag kände någon
ritade jag en röd prick

Det blev tätt med prickar
närmast min egen
Sen allt glesare
ju längre bort jag kom
till främmande länder
och världsdelar
Men faktum är
att hela Jorden blev innesluten

Så ritade jag med guldpenna
linjer mellan alla röda prickar
Guldvägar
som tankeljus
från människohjärta
till människohjärta

Och detta var då bara
min förbindelseväv

Jag tror faktiskt
att det är möjligt
för oss väva
sådana ljusvävar
omkring hela Jorden

Att de tillsammans
skulle bli så starka
att inga bomber
kunde tränga igenom

Ett skyddsnät för Jorden
vävt av genomvärmda
människotankar

Kanske skulle då
Jorden börja lysa
med eget ljus
på natthimlen

I stället för
att gripas av vanmakt
när världsraseriet bröt loss
i stället för
att ställa mig rakt upp
och bara skrika
i stället för att
stänga av TV-n
och låtsas
att jag ingenting hört och sett
i stället satte jag mig ner
och skrev dessa dikter
om kriget

Dikter är som barn
de föds först
när de är fullgångna
och då ur nödvändighet
och under största smärta

Inte vet jag
om Världen har blivit bättre
av att jag har skrivit dessa dikter

Men medan jag skrev dem
var alla mina vänner
både de som lever
och de som är döda
närvarande i rummet
De nickade åt mig
och viskade i mitt öra
de ord som fattades

Och så har mina händer blivit varma

Och jag har fått lust
att göra en stor fest
och bjuda alla
Många känner inte varandra
men jag känner alla
På den festen skulle vi
berätta för varandra
om våra tidigaste barndomsminnen
för att förstå varför just vi
sitter där tillsammans

Jag älskar döden
för dess silvriga skiva
av pånyttfödelse om natten

Jag älskar döden
för uppståndelsens brodd
spirande ur fröet

Jag älskar döden
för den nya stjärna
jag skådar i fjärran

Jag älskar döden
för utan död
inget nytt liv

Metamorfos

Hat
Hot
Mot
Mod
God
Gud

Kriget
Kravet
Krälet
Kärlet
Kärlek

Plommonträdet
skänker sina
plommonblomblad
över Jorden

Sommaren gråter
över plommonträdets
förlorade skönhet

Så en dag står
plommonträdet
fullt av frukter
solmognade

Och hösten jublar
i ödmjukhet

Detta sker inte i dag
Först måste
jorden grävas
två spadtag djupt
måste jorden grävas
Så måste fröet
läggas i jorden
Det sker inte heller i dag
Ur fröet måste rötter växa
ner i jorden
och grön stjälk
mot solen
och månen
och stjärnorna
Inte heller detta sker i dag
Att bladen kommer
i ringdans
runt stjälken
eller att toppen stannar upp
i en knopp
Allt detta sker inte i dag
Men en dag sker det
att knoppen öppnas
och vi kan glädjas åt blomman
När vi sett den växa och gro
ur jorden
som vi har grävt
tillsammans
om vi vill
och om vi vattnar

Jag trodde dikten var borta
jag trodde dikten var död
då låg den där plötsligt stilla
i min famn med ny varm glöd

Jag trodde havet var fruset
jag trodde vinden dött ut
då hörde jag plötsligt böljesång
och såg segel som spändes ut

Jag trodde Jorden var skändad
och dödad med hormoslyr
då såg jag plötsligt ett rosensnår
och doften gjorde mig yr